GRIGOI

EL REDENTOR.
NO HABRÁ FIN DEL MUNDO

La obra "El Redentor. No habrá fin del mundo" fue creado por Grigori P. Grabovoi en el año 2002 y aumentado por G.P. Grabovoi

2019

Grabovoi G.P.

Todos los derechos reservados. Queda prohibida la reproducción parcial o total sin la autorización escrita del titular de los derechos de autor.

GRIGORI GRABOVOI ®
© Grabovoi G.P., 2019

EL REDENTOR

Era el redentor, se veía a sí mismo como si alguien lo viera desde fuera. Él percibía sus ojos como un reflejo de todo el mundo externo y su alma centelleaba con la luz de una realidad lejana que era la eternidad – su futuro eterno. El veía a través de esta realidad a las personas como él. Por eso, cuando se encontró con ellos, entendió que no se distinguían de él y él no se distinguía de ellos. Siguiendo su camino, él llevaba su luz interior al encuentro de sí mismo y al mismo tiempo, de los demás. La distribuía de modo que los demás no la percibían como una entrega, sino como una acción suya. Y él, al ver sus ojos bien abiertos y leer sus pensamientos maravillados ante sus acciones y movimientos, consideró que estaban hechos de la misma manera y aparentemente tenían que ser iguales, por lo visto, si él era el que él presumía que era. Al ver a la primera joven pensó que la vida existe también en mundos lejanos porque él era un hombre. Y mirándose a sí mismo en relación con una joven, comprendió que el amor existía en él desde el principio y que seguiría hacia ella y la vería como a una mujer, la mujer que podría ser su pareja.

Caminando por su vida, viendo las estructuras cambiadas de los ríos, viendo lo que les ocurre a las plantas, a los animales y a la vida del hombre, él entendía que todo debe ser cambiado para la eternidad. Y esa comprensión era no una palabra y no una idea –era el movimiento de su cuerpo. Precisamente el cuerpo se movía en la dirección de la eternidad y ya más tarde empezó a percibir ese movimiento como vida de otros hombres. Entendía que ellos también están hechos de la eternidad. Ellos ni siquiera eran unas partículas de la eternidad, ellos eran la eternidad misma, sólo que desparramada sobre el planeta y dirigida hacia la infinidad del universo. Sus miradas dirigidas hacia otros planetas y otras galaxias de estrellas, hacia todo el universo abierto, fuera de los límites del sol y hasta dentro del sol, decían que ellos eran los que se consideraban, pero no todos se daban cuenta de eso. Y su movimiento era desviado – hacía falta abrir para ellos el universo para que viesen dónde estaba su vida, que ellos llegasen desde el universo y sintiesen su alma, difundida en el espacio cósmico como unidad del entero y singularidad del único.

Viendo lo que veían todos, él hablaba sobre lo que todos pensaban en la profundidad del alma, pero lo decía mentalmente al principio sólo a sí mismo. Luego empezó a decirlo a muchos y la gente lo siguió. Ellos empezaron a creerle de palabra, muchos le confiaban sus secretos recónditos dirigidos hacia el desarrollo eterno. Muchos le decían: sí, vemos tu vida eterna, pero cuéntanos cómo hacerla llegar a los demás. Y él narraba, les daba cifras, les daba la misma vida que ellos mismos habían visto y lo hacía sin decir su nombre. Él seguía adelante, dejando sólo el nombre revestido en la fecha de nacimiento. Ellos eran iguales. Su movimiento no siempre era uniforme. Tenían que vencer la resistencia, pero aquellos lejanos mundos, sus ecos que ya estaban, posiblemente, desarrollados hasta el nivel de la eternidad en su fase estable realizada, los llevaba a todos ellos como a una cohorte unida hacia su infinito futuro. Y esa ola de infinidad les invadía a todos, cuando la alegría se reflejaba hasta en las situaciones más difíciles para la comprensión de los seres humanos.

Ellos intentaban ensalzarle, pero él siempre iba con ellos. Porque el camino era único: el cielo, la tierra y todo lo que les circundaba – todo esto era la creación de su razón inclusivamente. Él les enseñaba a obrar, crear y ser la eternidad. Puesto que sólo aquella eternidad estaba renacida y aspiraba a ser ella misma, era la que realizaba lo que acontecía dentro de esa eternidad y que poseía en todos los niveles las características de la eternidad. Algunos sus movimientos, así como también los movimientos de todos los humanos, eran locales – expresados en algunas emociones y acciones concretas, – reunidas por una profunda estructura del alma de la eternidad. La eternidad que tenía un alma, una personificación de la humanidad, era de por sí una representación formante y un nivel de la infinidad. Allí donde Dios la creó, Él se manifestó, y esa manifestación existía ya, existía por siempre en la belleza de la natura, en los sueños sobre la futura vida infinita. Pues, viendo que él tenía conocimientos de la eternidad, hallándose aquí y actuando, ellos le siguieron más unidos. Ninguna resistencia de los sistemas con unas u otras peculiaridades les llegó a doblegar. Ellos se hacían más fuertes, se llenaban de la fuerza del espíritu y sentían que no estaban solos en ese universo, que existía un espíritu que les abriría aquellos mundos que les calentaría sus almas en las lejanas peregrinaciones para la conquista de los espacios cósmicos. Y ellos estaban contentos por haber sido creados. Estaban contentos por Dios, capaz de crear algo así, e iban con Dios en el alma. Ellos estaban divinizados y su movimiento ya no encontraba ningún obstáculo. Sí, había algunos matices, algunas resistencias y supuestos fracasos por parte de los que aún no seguían este camino. Pero los que lo seguían ya no hallaban más fracasos. Ellos veían sólo el movimiento. Parecía un coche veloz que aumentaba su velocidad y el sonido del viento ya conquistaba el alma y el espíritu del hombre y su cuerpo estaba llevado con la velocidad del movimiento del coche y todo el resto ya no estaba percibido como algo que podía estorbar ese movimiento. El hombre empezaba a sentirse moviente. Y ese movimiento, manifestado en pensamientos, formas de pensamiento – esos movimientos llegaban a ser aquel involucro que había hecho a estos hombres inexpugnables. Inexpugnables ante los intentos de despistarles del camino hacia la eternidad. Inexpugnables ante los intentos de disturbar sus pensamientos de seguir en esta dirección. Ellos eran y son como toda la gente habitual, y esto atraía a los que les seguían. Con el pasar del tiempo, cuando todos serían unidos y sabrían vivir eternamente, sólo habría que recordar los procesos che llevaron a esa condición. Y justamente su memoria, justamente su recuerdo del espíritu humano che llevó a cabo mucho, incluso cosas increíbles desde el punto de vista del raciocinio habitual. Sus recuerdos les daban las fuerzas, su memoria y su cultura les movía hacia la infinidad. Y la infinidad se les abrió delante. Ellos vieron en sustancia aquel paraíso que ellos percibían como cuerpo físico. Ellos eran vivos, pero delante ellos se abrieron lo que llaman la vida eterna en el paraíso en el cuerpo físico. Y ellos entendieron que en la tierra eso ya estaba realizado para muchos de los que percibían la belleza de la naturaleza, que veían como el sonido de la hojarasca inspiraba el recuerdo de acontecimientos pasados y de todos los que llegarían, ya que veían delante. Ellos sabían todos los acontecimientos del futuro y eso se podía llamar recuerdo de lo que ellos ya realizaron sus eternidades en el futuro. Y la eternidad se precipitó sobre todos los que seguían por ese camino. Y ellos se salvaron para siempre.

NO HABRÁ FIN DEL MUNDO

La verdad sobre la salvación está dentro de cada uno de nosotros. Elegimos el camino que nosotros mismos definimos. Ya que el camino que está determinado por nosotros es nuestro camino. Y nosotros, para salvarnos nos movemos en la dirección donde está la luz de nuestra conciencia y de la exterior. La salvación exterior es también la salvación interior. Nosotros unimos con nuestro amor todo alrededor y cuando lo que rodea y el mundo nuestro alrededor ve ese amor, el mundo se hace absolutamente salvado. Por esto el primer camino de la salvación es el amor. Y cualquier conversación, cualquier información sobre el fin del mundo deben estar dirigidas hacia lo que no hay fin del mundo ya que la luz es infinita como es infinita la vida, como es infinito el desarrollo de la tierra, del universo, como es infinito el mundo. La esencia misma del infinito engendra la infinidad del mundo, la eternidad de los vivientes y la eternidad de la vida de cada uno. La vida de cada uno está vestida de eternidad hasta donde a menudo no sospecha, donde la roza en el momento del nacimiento. Mirad el caso del nacimiento que conocéis y veréis que antes del nacimiento hay roces de la eternidad con el momento del nacimiento – el primer acto que se presenta como fuente del acontecimiento del nacimiento. Esta acción, ese primer acto de la vida que surgió desde los tiempos más remotos del primer nacimiento en el mundo, envuelve desde el principio la eternidad de la vida eterna ya que la eternidad misma está dividida en el hecho de antes de su comprensión y después. Y ese pasaje entre el nivel de comprensión y el nivel después de la misma es el movimiento de la vida en el conocimiento. Cuando la eternidad está ya conocida, es decir cuando ya está comprendida no pude haber ningún fin del mundo porque la luz es el contenido interior que percibe el hombre. La luz es el dominio de la percepción que en el fondo está revestido de una cierta realidad viva y el hombre reacciona como delante de un mensajero de la eternidad, de los mundos infinitos. Y cualquier imagen es lo que consta de la luz. Por eso, ante todo, se debe orientar el sistema de salvación hacia la comprensión de lo que sucede alrededor. Cualquier sistema del mundo exterior se considera estable cuando miramos como si fuese a través de él. Es decir, el pasante percibe lo que le rodea de modo que lo que le rodea está situado en el exterior, y esa realidad exterior es un elemento de la eternidad. Para que el desarrollo eterno no ralentice por algunas informaciones sobre el fin del mundo, tratad de examinar los volúmenes de la eternidad en todo el mundo exterior, cuando veis los movimientos de los sistemas circundantes, del mundo circundante. Difundiendo su movimiento físico en el mundo físico, tratad de ver la esfera de la eternidad que inicia desde vosotros hasta el objeto más cercano y se difunde infinitamente en alto. Cuando miráis en alto infinitamente, veis la luz que llega a vuestra conciencia y que representa vuestra conciencia. Examinad el sistema cerrado conciencia - mundo y veréis que todo está bajo el control de vuestra conciencia. Por consiguiente, el cambio del mundo a escala universal – lo que llamamos fin del mundo, – no puede ocurrir porque lo que se ha visto una vez tiene una construcción eterna que llena todo el universo. De aquí se deduce que vuestras manos, vuestros pies, vuestro cuerpo y vuestro pensamiento y todas las células de vuestro organismo –todo está concentrado sobre la tarea de la vida eterna. El vector de concentración de la atención existe absolutamente ya que están en sus componentes elementos del amor. Es decir, es indestructible. Por consiguiente, ningún acontecimiento exterior puede impedir el desarrollo del vector del amor de ese campo de información.

Cuando empezáis a examinar la eternidad como un fenómeno percibido por todo el organismo, por toda vuestra esencia, veis que vuestros tejidos separados ya son eternos. Y si a partir de ellos examináis todo el organismo, veis que es eterno. Por esto debemos movernos para la examinación de toda la realidad partiendo de nuestra conciencia, de aquellos elementos que percibís como eternidad del organismo. En el nivel de la conciencia – se trata de ciertos tejidos del organismo, por ejemplo, en las manos, en las piernas, en otras partes del cuerpo que emanan la luminiscencia argéntea hacia la eternidad, general para todos. De esta manera, la colisión de vuestra luz, de la luz emanada por vuestro organismo, de vuestro cuerpo efectivo con la eternidad para todos – es la tierra misma que tiene un desarrollo eterno. El lugar donde está situado el hombre, es decir, la tierra, por ejemplo, u otro objetivo extraterrestre, todos estos sistemas están unidos en el nivel de vuestra conciencia por el deseo de la vida eterna. Se trata de que desde los tiempos más remotos por el deseo de la vida eterna nace el hombre. Para entender mejor ese momento examinad toda la fase de la eternidad que existe antes del nacimiento, antes de la concepción del hombre, y toda la fase de después. Y resulta que sólo una aspiración muy potente a la vida lleva al nacimiento del hombre. Desde el punto de vista lógico de la conciencia del desarrollo de los procesos lógicos del mundo– eso es absolutamente unívoco. Es lo mismo que superando una cantidad enorme de información, efectuar un trabajo interior titánico para realizarse en sentido físico y nacer. Por ese motivo el que nace siempre supera el mismo elemento de trabajo, el mismo sistema interior de movimiento hacia la eternidad como el ser viviente que quiere vivir eternamente. Tomando en consideración que existe el hecho del nacimiento del hombre concreto se puede comprender que el hombre ya lo había superado, – aquella rotura en el sistema de información de antes del nacimiento y después. Es un acto de superación espiritual de la personalidad de cualquier impedimento para nacer y estar en un cuerpo físico. Examinando la conciencia como un sistema inquebrantable de comunicación en todo el mundo, es posible hallar ese elemento de la conciencia en nosotros mismos. Lo podemos ver en el nivel del hipotálamo del cerebro del hombre, en el nivel de la hipófisis y en el nivel del tejido, por ejemplo, de las manos y de las piernas. Es decir, si examinamos hasta el crecimiento de la uña de la mano, entonces aquí podemos ver los principios incentivos del mismo tipo del desarrollo hacia la eternidad. Y justamente el componente espiritual primario que lleva la personalidad hacia la eternidad, en la misma manera mueve los tejidos del organismo hacia la eternidad. Es decir, el movimiento procede en la dirección del desarrollo eterno. Por eso se hace absolutamente evidente que el cuerpo mismo está orientado hacia el desarrollo eterno. Si prestamos atención a muchos casos de supervivencia de los hombres en condiciones extremadas, constatamos que a menudo no hay explicaciones lógicas, pero justamente las acciones de ese impulso de movimiento del cuerpo hacia la eternidad transforman la situación de modo que el hombre se pone inaccesible y no se somete a ninguna influencia. Así pues, aquí está claro que en el hombre desde los tiempos más remotos está colocado un mecanismo indestructible. Y en el caso concreto se ve sólo confrontando la información de antes del nacimiento del hombre con la de después de su manifestación en el mundo físico, después del acto de concepción del hombre, de la concepción física. Examinando las presentes construcciones de la conciencia se puede, como ya se ha dicho, destacar aquellos elementos de la conciencia que tienen una relación continua aún antes del momento del nacimiento, donde los mecanismos que se explican como mecanismos volitivos, – se manifiestan como mecanismos incondicionados. Es decir, la aspiración a la vida eterna – no es sencillamente una aspiración lógica, ésa es la expresión de toda la esencia del hombre que nos llega de Dios Único – Creador que es eterno y de ese modo ésta es Su voluntad. La eternidad del hombre es la voluntad de Dios y la estructura organizada del hombre. A ese propósito podemos examinar bastantes construcciones informativas, acciones mentales que llevan no sólo a la entera comprensión bastante detallada del proceso de desarrollo eterno, pero permiten también desarrollar independientemente las tecnologías de desarrollo eterno en el ejercicio de la vida cotidiana. De esta manera podemos ver en la práctica de algunas acciones cotidianas que, por ejemplo, el movimiento de la mano atrae la luz de la eternidad, mientras la interrupción del movimiento cuando estáis haciendo algo, permite ver que esa luz empieza a difundirse de la mano. Como, además, también de todo el cuerpo. A propósito de esto, la luz de la eternidad tiene una estructura que la produce el hombre. Más grande es la acción de esa luz difundida en la realidad exterior, más mecanismos de desarrollo eterno adquiere el hombre. Cuando al nivel de la conciencia veréis que vuestro pensamiento empieza a emanar la luz de la eternidad, aprenderéis del mismo modo a aumentar el volumen de la luz de la eternidad en la realidad exterior, para eso sólo hay que dirigir los pensamientos hacia la eternidad, hacia las tecnologías del desarrollo eterno. Y entonces resultará que vuestra acción empezará a describir el cuadro del futuro desarrollo que ya emanáis, de vuestra luz en la eternidad. Así abrís un camino determinado que vosotros mismos lo seguís. Los constructores de la luz en la eternidad y del camino hacia la eternidad sois vosotros mismos. Y eso se ve en este caso en el hecho de que más luz emanáis, más confiable y estable es vuestro movimiento en la dirección de la eternidad y del eterno desarrollo. Vuestra vida eterna no debe depender de ninguna información concerniente un caso privado de una persona concreta del punto de vista de la destrucción de sus estructuras vitales o de la humanidad entera. Desde los tiempos más remotos estos son los sistemas únicos de la realidad porque sea la humanidad, sea el hombre – son mundos enteros, únicos, intangibles que deben siempre desarrollarse. Y en relación a esto, si se trata del fin del mundo en el sentido de la destrucción física del mundo de habitación como, por ejemplo, del planeta en el que viven los hombres, entonces es necesario, ante todo, concentrar los esfuerzos espirituales del hombre conforme al principio de reflexión de los sistemas informativos que llevan la información sobre el fin del mundo y después pasar a la reflexión de todo el planeta y de todo el mundo. Por eso el trabajo a través de la salvación de todos en el caso concreto se lleva a cabo por su propio movimiento, cuando veis la estructura del eterno desarrollo de vosotros mismos, vuestra luz de la eternidad que se reproduce por vuestro pensamiento. Y cuando halláis ese campo de información, entendéis que es un mecanismo muy fuerte de desarrollo de las tecnologías de la eternidad, del uso del pensamiento propio. El pensamiento propio exclusivo es un mecanismo, mientras el pensamiento asociado a los elementos de la realidad interior y exterior, es el segundo mecanismo. Cuando utilizáis el mecanismo del solo pensamiento propio, hace falta, ante todo, examinar lo que en realidad en el pensamiento contiene una determinada prórroga dentro del organismo y está conoidalmente dividida por el organismo de modo que la cima del cono está por encima de la cabeza. Y a continuación conforme al principio del aumento en un determinado punto, la imagen conoidal de la percepción comienza a ensancharse por todos los lados y lo hace tan velozmente que ya conquista enteramente al hombre trámite acontecimientos exteriores. Es decir, la estructura de la eternidad determina de igual modo los mismos acontecimientos alrededor vuestro y consiguientemente podéis aprender a vivir eternamente los acontecimientos. Eso es comparable al hecho de que, si ofrecemos a un hombre un piano, el mismo puede aprender a tocarlo después de un tiempo determinado. Pero si ya apenas tocó con los dedos las teclas, se puede afirmar que ya utiliza el piano en cuestión. Lo mismo sucede también en la estructura de la eternidad – sólo el movimiento en la estructura de la eternidad – representa ya un contacto y la aplicación del método de realización de la eternidad.

La asimilación afiligranada de determinados sistemas musicales con la ayuda del mismo piano o de otros instrumentos, o, eventualmente, con el pincel del pintor, o con su palabra, a través de su acción – ya es una práctica técnica por su esencia que se entrega a los hombres para asimilar el sistema de vida eterna, las señales de vida eterna, el contenido de vida eterna en su desarrollo, en sus aspiraciones. En todas las aspiraciones, en las como entrar en un bar y tomar un café – aquí puede ser fundado un elemento muy serio del desarrollo eterno ya que las acciones sencillas también llevan la eternidad y hay que saber notarlo.

Cada momento de la vida, cada instante lleva un elemento muy fuerte de asimilación de las estructuras del desarrollo eterno. Cuando empezáis a verlo, podéis asimilar los mecanismos de ese desarrollo y ese desarrollo seguramente os llevará lejos de cualquier catástrofe, de cualquier cataclismo y de cualquier problema de contenido interior o exterior. Por eso la salvación de sí mismo es obligatoria. La estructura de la eternidad que está en la conciencia del hombre de ese modo se coloca en el sistema informativo, en el sistema de relaciones informativas que cuando el hombre ve que a través del esfuerzo volitivo propio puede resolver ciertos problemas del combate táctico a corta distancia y hasta en muchos casos, en el estratégico, comienza a ser más convencido de que todos se salvarán del mismo modo. A eso le corresponden dos niveles de conciencia que son percibidos como una luz que llega de los hemisferios cerebrales, derecho e izquierdo. Y la luz está percibida de modo que el primer impulso que va del cerebro aumenta paulatinamente por cuenta de la luminiscencia de todo el cuerpo, y vemos que la imagen del hombre es indestructible. Cuando lo vemos, entendemos que lo que está pasando ahora es una manifestación de la eternidad, la comprensión de que el hombre que vive y se mueve ahora es el hombre que vive eternamente. Ésta es una comprensión importante en el sentido de las estrategias de los futuros desarrollos tanto del hombre, como de la civilización y de la humanidad en general.

Viendo su nivel infinitamente fuerte, dirigido al desarrollo infinito, examináis ante todo las construcciones de los futuros sistemas de desarrollo. Viendo, por ejemplo, erigirse las ciudades, construirse los poblados, las aldeas y en general, los centros poblados y los lugares habitables para los hombres del punto de vista de la percepción de las personas que los construyen, podéis ver que en este lugar está erigido un elemento de la eternidad. Es decir: si dividir la tierra en el sistema natural y las construcciones erigidas artificialmente, entonces en las construcciones reproducidas artificialmente hay un elemento de eternidad perteneciente al pensamiento del hombre. Éste es un importante componente que permite entender que todos los sistemas exteriores del mundo – transforman en un determinado modo la información de que el hombre puede reproducir una determinada realidad para su futuro desarrollo. Y cuando examináis esa relación sobre la lógica se hace claro que el hombre toma en consideración la presencia del aire, la presencia de mares, océanos, de la tierra firme – y en conformidad a eso ejerce la construcción – añadiendo la presencia del espacio cósmico exterior, por ejemplo. Cuando la fase lógica de esa comprensión cruza la tarea del desarrollo eterno al nivel de los objetivos ya creados, se puede seguir la relación desde todos los elementos de la realidad exterior y el modo de influencia sobre la persona concreta, que el elemento concreto de la eternidad ha sido reproducido en algún lugar. Y ese elemento por todo el sistema de las relaciones generales tiene el mismo desarrollo infinito como una persona concreta. Porque lo que fue creado con el trabajo, lo creado por el hombre, hasta el primer movimiento, los primeros pensamientos y en general la creación de algo primario, hasta la concepción – todo lo que da origen a la eternidad y crea la eternidad sea por el hombre, sea por los hombres que le rodean, de toda la realidad exterior e informativa, trámite la comprensión interior del hombre. La integridad manifestada es la que forma el cuerpo físico del hombre, las estructuras mismas del mundo exterior, los cuerpos de los animales, la vegetación y así por el estilo. La armonía interior que se siente y se ve al nivel de la comprensión del mundo, la que no está reflejada en las palabras constituye un elemento que no se refleja en palabras. La comprensión siempre roza la infinidad de los acontecimientos siguientes y desde aquí se ve que todo es eterno. La eternidad es vista absolutamente evidente, pero a menudo no se especifica, a menudo no se percibe al nivel de la conciencia como algo separado de la palabra misma. Es decir, la palabra misma y en general ninguna acción está separada de la eternidad. Por eso si nos preguntamos: ¿cómo se puede hablar de algo utilizando lo mismo? Aquí se puede hacer el siguiente ejemplo – ¿cómo hablar del sonido utilizando el sonido? Para esto es necesario que alguien perciba el sonido. Y entonces eso servirá como uno de los ejemplos contemplativos cuando un otro hombre es el elemento de lo que el circuito se cerró, que todo se realizó, que el sonido coincidió con la comunicación sobre él mismo. Y esa noticia que se puede llamar informativa y positiva, ese aviso sobre el hecho de que la eternidad existe se refleja sólo en las acciones del hombre, en su certeza en la vida eterna. Desde aquí parece bastante real la separación de aquel componente que se caracteriza como componente colectivo, generalizado, formado por el hecho de que los hombres se dan cuenta de que no habrá fin del mundo, fin del universo, fin del desarrollo físico y espiritual. No habrá fin del desarrollo del planeta y de cada persona aparte en perspectiva. Ya que hay mínimo dos personas que ya viven en este planeta, el planeta se desarrollará infinitamente. Y esa unión de los dos, del que transmite la señal y del que la recibe, ya crea la realidad del Creador.

El Creador – Dios está unido en lo que puede sea crear la señal, sea recibirla en la misma persona. Para la tierra eso ya es la acción de dos personas. Cuando Dios es fuente de la señal y la personalidad que recibe una señal informativa, para Él la señal no está dividida. Por eso el carácter monolítico del universo, es decir la esencia de cualquier objetivo es eterna en el fondo, es infinitamente fuerte. Sólo desde el punto de vista de la lógica hay algunos posibles problemas en la tierra, por ejemplo, a causa de los asteroides y cosas por el estilo, incluso problemas internos en el desarrollo de la civilización. En realidad, la eternidad genesíaca al nivel espiritual es tal que cambiarla en su esencia es prácticamente una misión imposible, esto sin hablar de un cambio radical del tipo la salida del planeta de la órbita o algo semejante. Siempre habrá fenómenos, eventos que lo impedirán. Porque precisamente la eternidad determinada por dos personas y por el Creador - Dios, Creador del universo, es tratada unívocamente como inmutable, la inmutable eternidad. Partiendo de eso se puede determinar por completo que entonces hasta una persona puede tanto crear el impulso por semejanza con lo que hace Dios, cuanto recibirlo atrás. Por consiguiente, el pensamiento sobre el eterno desarrollo y sobre lo que no habrá interrupción de la vida — es el pensamiento que vuelve al hombre mismo y crea su pensamiento real acerca de la vida eterna y del eterno desarrollo.

Y entonces los hombres podrán ver con sus propios ojos la luz de la eternidad que llena esos ojos, esas pestañas serán así que, en todos los rincones del mundo, en toda la realidad se verá la luz que pasa a través de esas pestañas y las imágenes del mundo que entran en esos ojos, las imágenes del mundo eterno. Cada uno con sus ojos experimentará la eternidad que le llena y podrá penetrar tan profundamente en la realidad que no será identificado con esa realidad, pero será la realidad misma de la eternidad. Y ése es el mensaje que le llegará al corazón y su corazón se hará eterno y su sangre se hará eterna. Y cuando se verá en esa realidad entenderá que es eterno porque piensa así y eso es fundamental – la eternidad del pensamiento. Ya que el pensamiento único nacido en el hombre jamás desaparece a ninguna parte. Ése es el pilar, el nivel de base de la personalidad donde el pensamiento está con él y el hombre en su alma jamás olvida lo que había pensado alguna vez. Ésa es aquella estructura de la eternidad sobre la que se basa también el mundo exterior en cuanto al hombre. La certeza de que el mundo exterior existe a partir de su pensamiento es muy importante desde el punto de vista de la transformación de ese mundo en la eternidad. Porque la realidad misma que impregna el mundo exterior es lo que él identifica consigo mismo. De ello vemos que la penetración de su pensamiento en lo más profundo de la esencia de su conciencia es lo que él percibe en relación a sí mismo y en relación a todos. Y ese movimiento es aquella luz del sol, del sol interior que alumbra su movimiento en toda la realidad y él llega a ser él mismo como si supiera todo, es decir, un hombre omnisapiente. Partiendo de esta realidad de hombre omnisapiente vemos que se abre el camino a la omni-accesibilidad. Vemos que ese camino consta de la luz real y de la luz inventada por el pensamiento. La luz de la realidad se combina con la luz del pensamiento, dando a luz objetos y tiempo, alumbrando el curso biológico de los acontecimientos y la esencia de la materia viva empieza a reaccionar como estructura de la conciencia. Tal unión de la realidad interior del hombre a la cual se refiere también el pensamiento, con la luz de la realidad exterior que lleva a la creación de la materia, garantiza la falta del fin del mundo. Garantiza también con base en el hecho de que la luz del pensamiento propio no está sometida a influencia desde el exterior porque cualquier acontecimiento sólo impregna el pensamiento, es decir lo hace aún más luciente, capaz de crear aún más materia en adición a la existente. De aquí se puede recibir prueba del hecho que los procesos de la eternidad en el local del hombre siempre aumentan. Es decir, el fin del mundo es imposible por los procesos objetivos del mundo que suceden en concordancia con las leyes del desarrollo.

Mirad la vida del organismo como vida de la forma de la conciencia y veréis que esa forma se desarrolla infinitamente en la forma geométrica fija del cuerpo humano. El alma hace infinita la luminiscencia emanada por el cuerpo. Examinándolo, el hombre empieza a ver la conexión directa de su organismo con el mundo exterior eterno. Aquí surge aquella realidad que personifica lo que la persona misma, al rozar cualquier objeto del mundo exterior, por ejemplo, acariciando una flor, adquiere aquella realidad que está presente desde los tiempos más remotos en todo lo que le rodea. Él entiende que la infinidad y la eternidad del mundo exterior están compuestas hasta por él mismo. Apenas el hombre entiende eso, es decir que ese punto del pensamiento funciona en el sentido concreto, a veces en una acción cotidiana, el hombre llega a ser por sí mismo eterno en cualquier realidad, incluida la vida cotidiana, el pensamiento, la perspectiva, la estrategia etcétera. De aquí resulta que el movimiento mismo del hombre hacia la eternidad es su camino personal, simultáneamente percibido como camino del deber del hombre. Del deber delante su esencia propia, delante Dios – moverse en el desarrollo eterno. Ese deber permite igualar las estructuras de la conciencia en el nivel de la lógica corriente, percibir lo que acontece en la civilización en general. Reaccionar precisamente conforme a los fenómenos que suceden. Y de esa manera, balancear entre los sistemas informativos exteriores conjugados con la conciencia, que en algún modo se cruzan al nivel de la conciencia, entre el problema del deber precisamente en desarrollo eterno – obtener la integridad en todos los aspectos de desarrollo de la personalidad del hombre. A partir de la esencia del desarrollo eterno de cada hombre y sucesivamente determinando los niveles complementarios – tales como el deber del desarrollo eterno, la dirección hacia el desarrollo eterno, el pensamiento en la dirección del eterno desarrollo etcétera. Partiendo de esto, se puede entender muy bien que por encima del lugar donde se realice, en todas partes él tiene desarrollo eterno. Ese es su movimiento hacia la eternidad que ya es inquebrantable incluso porque todo lo que dimana del hombre y de Dios – todo es eterno, por consiguiente, también ellos son eternos.

Partiendo de dicho nivel, se puede determinar la eternidad de la vida de Dios ya sólo por ese factor, por consiguiente, se puede determinar según el mismo factor, por semejanza, la vida eterna del hombre. Del cruzamiento de esos sistemas se puede pasar al principio de letras de realización, el que excluye cualquier fin del mundo. Por ejemplo, pasando a la letra «X», estamos examinando en ese caso concreto las dos líneas de Dios y del hombre que se cruzan en el centro de estos dos segmentos de luz. Examinando esa letra por concepto de luz, vemos que en cada letra hay tal cruzamiento. Por ejemplo, en la letra

«O» se puede examinar la parte superior del semicírculo como elemento de la luz de Dios, mientras la inferior, como hombre del mundo circundante. Y si examinamos según el principio similar todas las letras, vemos que, en el sistema de expresión de letras, es decir en la palabra, en los sistemas sonoros de carácter informativo no hay interacción de los dos elementos. A menudo basta sólo saberlo para que así se fije. El nivel de conocimiento que fija la realidad eterna siguiendo la voluntad del hombre, el método eficiente de dirección. El instrumento que utiliza el hombre para su vida, es eterno desde siempre. Por consiguiente, la vida misma no prevé ningún fin. También la forma sonora que está expresada, por ejemplo, en los símbolos de las letras, se cruza con la tarea y la realidad del desarrollo eterno, con la particularidad de que ya está asegurada al nivel eterno de la vida de cada hombre que la identifica y va en esa dirección. El sonido es lo que está reproducido, por ejemplo, por el hombre mismo cuando vemos a un hombre hablar, cantar, en breve, a un hombre que reproduce conscientemente un determinado sistema lógicamente unido de sonidos. Está claro que la palabra coincide con el sonido no sólo como percepción de la palabra que consta de sonidos, pero también en la parte donde el sonido cruza la palabra en una difusión infinita. Es decir, a la luz que corresponde al sonido, que tiene una difusión infinita ya que es la luz del hombre mismo que une a la palabra, y la palabra adquiere formas infinitas y consecuencias infinitas, y una difusión que en un principio son muy locales. Por ejemplo, simplemente la palabra escrita bajo forma de letras – «p», «a», «l», «a», «b», «r», «a» – aquí será percibida localmente en absoluto sobre una hoja de papel, pero la misma será infinita en el sentido del cual apenas hemos hablado. El cruzamiento de la palabra con el sonido que llega infinitamente del alma del hombre mismo a sus acciones, crea la nueva realidad eterna.

Desde el punto de vista del componente intelectual, del nivel inicial de la creación, las palabras son la actividad intelectual del hombre que ha inventado las letras y expresó así la palabra. Por consiguiente, partiendo de las generaciones precedentes en las que también hubo acción del intelecto del hombre, se manifiesta el sistema de la eternidad al nivel de las relaciones informativas. La percepción de algún objeto exterior de información y su comprensión por parte del hombre es también una acción del hombre mismo. Por consecuencia la eternidad misma en la comprensión dinámica sale del hombre y cualquier percepción ya es la eternidad del hombre mismo. Pues en la esencia misma de la percepción de todos los fenómenos del mundo y en el discernimiento de esos fenómenos se sitúa la ley del desarrollo eterno que no se puede eludir de ningún modo. La cual, por su esencia, es inviolable desde el punto de vista de alguna influencia sobre esa ley. No es mutable ni en la comprensión colectiva, ni en la pública del punto de vista de su realización. En conexión con esto, partiendo de esas construcciones del pensamiento en las que se dice que toda la eternidad por su esencia es el criterio del mundo y la base del mundo, por completo unívocamente se puede afirmar que no habrá fin del mundo ni en sentido físico, ni espiritual. Y examinando el nivel cuando se trata del fin precisamente del punto de vista de la vida de un hombre concreto, debemos comprender que precisamente no se debe admitirlo en la conciencia porque el sistema generalizado reacciona de modo que apenas excluimos la noción de muerte de un hombre y aprendemos a hallar los mecanismos de prevención de la muerte de cada hombre concreto, también la realidad exterior excluirá automáticamente tales sistemas de nociones de sucesos, formas de signos que se refieren a la noción de fin del mundo. Por consiguiente, uno de los factores sistémicos de las exclusiones de esas nociones, de la amenaza global a la humanidad en general consiste en el seguimiento claro de la exclusión de la muerte para cada hombre concreto en general, así como para toda la humanidad. Aquí el mecanismo de resurrección está realizado en cuestión de desarrollo eterno, los vivientes deben construir el sistema de modo que no ocurriese la muerte de los vivientes. Y apenas ese elemento será difundido ampliamente, será bastante unívocamente claro que cualquier sistema informativo manifestado en la dirección del fin del mundo, es decir de algunos cataclismos, ése, hablando en general, no surgirá incluso en la fase lógica porque la controlabilidad del mundo exterior e interior será absolutamente unívoca, construida sobre el amor. Y todo esto unificado en el sentido de las tareas técnicas concretas de desarrollo de la sociedad y de cada hombre, de la civilización, de los universos etcétera. Por eso aquí es también importante la participación en determinados procesos de educación que comunicase sobre los mismos para que los hombres estén orientados hacia la creación infinita partiendo del conocimiento del nivel del desarrollo eterno que existe en ellos desde el principio. Ya que a grandes rasgos en primer lugar forma la realidad exterior – la conciencia tanto del hombre, como de los hombres en general. Cuando la conciencia acumula dinamismo, cuando el espíritu y el alma del hombre comienzan a ser tan unidas a través de la conciencia en la tarea del nivel habitual del desarrollo eterno, de la vida eterna, en ese caso surge un elemento educativo muy sencillo destinado a que otros hombres simplemente sepan, acepten y difundan ese aspecto de la vida – la vida eterna. Cuando se lo comunicaréis a otros hombres, entonces los otros podrán construir la base informativa, real, práctica para su desarrollo eterno y una determinada plataforma del desarrollo eterno. Entonces vuestra acción siguiente será aún más sistémica, acrecentada también la noción de carácter sistemático en el desarrollo eterno – ante todo el logro de la vida eterna – tanto para cada hombre aislado, como para la humanidad en general, por eso, partiendo de la presente tarea y de la presente práctica y del presente nivel de vida, se puede manifiestamente afirmar que llegáis a la eternidad porque esa es una acción incluso de otros hombres. Pero en ese caso vuestra acción es inquebrantable sólo por el hecho de que seguís adelante por el nivel del desarrollo eterno. Partiendo de tal práctica de la vida, se puede decir que mientras más resultados reales del desarrollo eterno y de la vida eterna del punto de vista del aseguramiento de la vida eterna por parte de cada hombre concreto que ha asimilado, que está asimilando la técnica de la vida eterna veis, más estable se hace justamente vuestra propia eternidad en presencia de los datos de que en un principio es inquebrantable por su naturaleza. Es deseable desarrollar la comprensión masiva, cotidiana de ese problema cuando la eternidad es un fenómeno de la vida que está al alcance de todos y generalmente aceptable y cotidiano por su esencia. Partiendo de dicho nivel, se puede considerar por completo che los conocimientos trasmitidos a otros hombres representan precisamente la eternidad sistémica: los conocimientos sobre el desarrollo eterno, sobre la vida eterna. La principal estructura del carácter sistémico está ubicada justamente en el nivel más amplio, concentrado, comprensible, exacto de transmisión de esos conocimientos. Cuando pensáis sobre los momentos de transmisión de los conocimientos, procurad de pensar atentamente, realizando periódica o continuamente, si hay posibilidad, el sistema de transmisión de tales conocimientos en el nivel eterno de la vida, en la vida eterna, en el desarrollo eterno. Veréis que la transmisión misma de los conocimientos, los efectos mismos de esta transmisión son positivos. Por ejemplo, el restablecimiento de los tejidos, algunos sistemas de gestión de los acontecimientos sobre los cuales os comunican otros hombres, es lo que os asegura al nivel de la conciencia un determinado nivel de exactitud de vuestra posición. Porque saber a través de la conciencia restablecer, normalizar el tejido propio u otro, saber en cierto modo influenciar los acontecimientos en el sentido del desarrollo eterno para que allí suceda lo que corresponde al desarrollo eterno – todo eso os asegura las garantías corrientes de desarrollo eterno al nivel de vuestras acciones subsiguientes. Cuando vuestras acciones son sistémicas y de ellas se ocupan muchos hombres y es evidente que una macro catástrofe es imposible por problemas internos de civilización o por problemas externos del mundo, por ejemplo, físico, entonces surge un dominio muy especial de conocimientos y desarrollo, ubicado en el futuro y que posee una velocidad muy consistente y seria del cambio de la información. A semejanza del hecho que si examinamos las SMS y la cantidad de mensajes que pasa por Internet, si las unimos al nivel de palabras, habrá muchas palabras; pero si las unimos al nivel de señales electrónicas esa cantidad de señales será respectivamente menor en el sentido del volumen, por ejemplo, del descrito con palabras según esas señales. Con todo eso, el portador de información de las señales y la información misma, están unidos. Si procurar usar tal estructura del mundo en la realización justamente de los conocimientos del desarrollo eterno, aquí, excepto las materias físicas como Internet y los sistemas informativos del mismo tipo, existe también el nivel espiritual de tal gestión concentrada. La unión al nivel espiritual, al nivel del alma de aquellos conocimientos que tenéis vosotros y los otros en la realización del desarrollo eterno, con lo que aportamos a la estructura del desarrollo eterno algunos nuestros datos, permite influenciar sobre la realidad. Influenciar radicalmente sobre la realidad física para hacer accesibles prácticamente al nivel de la lógica de los acontecimientos, al nivel de unas determinadas leyes de desarrollo de la sociedad aquellas construcciones que no permitirán morir a los hombres. El desarrollo mismo del hombre que permite convencerse de la posibilidad de la completa influencia sobre el mundo con fines creativos, afirma la falta del fin del mundo.

Es decir, la combinación entre los acontecimientos y las peculiaridades del mundo físico se desarrollarán de tal manera que esto se manifestará no sencillamente en el nivel del objetivo y de su alcance. Por ejemplo, el objetivo del dirigente hacia el desarrollo eterno para la gestión de ciertas situaciones y la dirección misma– ya será norma de la vida eterna donde los procesos de cambio e información son enormes. Se debe del mismo modo procurar realizar, crear el mundo en el que es imposible el daño a la salud, es imposible la interrupción de la vida del hombre.

Tal mundo se diferencia por sus peculiaridades determinadas en el sentido de la difusión de esos fenómenos sobre todos como una ley que prácticamente se realiza en todos los casos. Eludirla, cambiarla en cualquier modo es imposible porque a través de su conciencia colectiva la sociedad misma la ha determinado y funciona igual que las leyes físicas, la realidad física. He aquí esa ley generalizada de la coincidencia con la ley del desarrollo interior de las leyes del mundo exterior es prácticamente el estado exacto que permite no sólo estar seguros que no habrá ningún fin del mundo, pero también estar seguros de esto por un periodo infinito. Aquí está la esencia misma del hombre, la que controla enteramente la realidad, la conciencia del "sí" del hombre, lo que está pasando al nivel de las razones precisas, los hechos convincentes y al nivel del desarrollo planificado sistémico de la sociedad y del hombre, permitirá excluir prácticamente la información de ese tipo, como el fin del mundo, como la interrupción de la vida del hombre so pretexto de algo. Esa exclusión permite justamente realizar la estructura del eterno desarrollo, unificada tanto por el hombre mismo, por el mundo exterior, por la sociedad, como por Dios. Todo el sistema de tal desarrollo será dirigido sólo hacia la vida eterna, hacia el desarrollo eterno – y eso existe, ya existe ahora. Porque el hombre desarrollado de ese modo y la sociedad entera ahora no difieren de los hombres que poseerán eso. Por eso, partiendo de la esencia inicial por semejanza con el Creador, podéis actuar de la misma manera que actúa Dios, que actúa cualquier otro que puede desarrollarse eternamente, vivir eternamente y cómo esto se refleja en toda la realidad exterior donde podéis por vuestra propia iniciativa conocer todas las leyes del eterno desarrollo en base a esa mira de contacto con el mundo exterior. Los contactos con el mundo exterior con esta finalidad también comportan estos conocimientos. Por esto la orientación cotidiana en esa dirección os ofrece conocimientos permanentes. Os perfeccionáis considerablemente más rápido de lo que se podría lógicamente suponer. Y entonces a un determinado nivel, aunque a menudo al nivel de la conciencia, algunos movimientos bruscos no se entrevén ya que la conciencia presupone el desarrollo como norma, podéis ver que en un cierto momento el elemento de la eternidad está realizado a tal punto en vosotros que vivís justamente según determinadas estructuras de la comprensión de algunos acontecimientos, de algunos eventuales acontecimientos pasados, de algunas vuestras actuaciones que han llevado a determinados resultados. Esa ya es una gestión de la personalidad, un estado de la personalidad que trae un determinado placer, una determinada percepción positiva del hecho que viven eternamente los circundantes y vosotros.

Resulta que, partiendo de dicha construcción de vuestro estado, estaréis no sólo convencidos de que no habrá ningún fin del mundo. Pero con ese estado, con esa singular actitud donde hay fuerza real, es decir, con la actitud construida sobre el conocimiento preciso de los futuros acontecimientos, podéis de una vez prevenir cualquier acontecimiento destructivo en cualquier sistema. Y con ello instaurar no sólo la eternidad de vosotros mismos, pero también la eternidad de todo el mundo, de todos los circundantes a la vez. Cuando llegaréis a alcanzar tal armonía, - alcanzarla a menudo no es una tarea difícil si se predispone – ya la tenéis. Hay un estado del alma así y basta. Resulta absolutamente claro que el mundo es indestructible, que se deben comunicar también a los circundantes esos conocimientos que podrán permitirles comunicároslo incluso al nivel habitual que no difiere del estado de la vida cotidiana, de la actuación cotidiana. Es posible transmitir muy rápidamente dicha certidumbre, dicho sistema de conocimientos precisos. Y entonces, en el resultado de vuestra actuación ya no sucederá nada destructivo de todas formas.

De ese modo, uniendo el sistema de comprensión, el sistema de actuación, el sistema según el cual sois inicialmente realizados como personalidades, como personas que viven eternamente englobando todos los acontecimientos posibles en esa dirección, alcanzáis evidentemente la vida eterna sin ningún fin del mundo o, hablando en general, hasta sin ningún elemento negativo capaz de causar daño a la salud o a la vida. Por eso aquí surge vuestro camino limpio, construido en ese sentido sin errores para esa gestión con destinación especial que está enteramente bajo vuestro control y que está absolutamente estable ya que existe inicialmente – ésa es la verdad de ese mundo que ha llegado inicialmente con vosotros, inicialmente con la actuación de Dios y de todo el mundo en general. Ese camino es inmutable, desarrollarse y vivir eternamente se puede tranquilamente en absoluto.

Made in the USA
Las Vegas, NV
06 March 2021